# DISCOURS

PRONONCÉ PAR

## MONSIEUR L'ABBÉ PEISSON

A L'OCCASION DU MARIAGE

DE

## Monsieur Lavigne

AVEC

## MADEMOISELLE LAINÉ

Le 20 Décembre 1881

EN L'ÉGLISE SAINT-THOMAS D'AQUIN

---

## PARIS

IMP. DE L'ŒUVRE DE SAINT-PAUL, L. PHILIPONA
51, rue de Lille, 51

# DISCOURS

PRONONCÉ PAR

## MONSIEUR L'ABBÉ PEISSON

A L'OCCASION DU MARIAGE

DE

## Monsieur Lavigne

AVEC

## MADEMOISELLE LAINÉ

Le 20 Décembre 1881

EN L'ÉGLISE SAINT-THOMAS D'AQUIN

## PARIS

IMP. DE L'ŒUVRE DE SAINT-PAUL, L. PHILIPONA
51, rue de Lille, 51

Mon cher frère et ma chère sœur,

« Ce n'était point assez que Dieu lui-
même bénît le mariage en l'instituant ;
bien que par cette bénédiction il fût
saint dans son origine, Notre-Seigneur
Jésus-Christ a voulu qu'il fût accom-
pagné de grâces d'un ordre plus élevé.
Il en a fait un sacrement de son Église,
auquel il a attaché des grâces particulières
pour sanctifier l'union des époux. »

Voilà bien, résumé en quelques mots,
tout ce que j'ai à vous rappeler aujour-
d'hui, avant de recevoir vos serments.

Le mariage, comme vous venez de l'entendre, n'a pas toujours été un sacrement ; mais il n'a jamais été un contrat ordinaire. C'est Dieu qui l'a institué lorsqu'il a voulu être l'auteur, le témoin et le ministre du premier mariage. Après avoir créé le premier homme et la première femme, nous raconte l'historien sacré, il présenta Ève à Adam et la lui offrit pour épouse. Adam l'accepta en ces termes : « Voici l'os de mes os et la chair de ma chair..... » Dieu alors ratifia leur union et répandit sur elle ses plus abondantes bénédictions.

Voilà toute l'histoire du mariage à son origine. Elle est bien simple, mais elle est bien instructive. Elle vous le montre dès lors avec tous les caractères qui le distinguent et font sa grandeur : avec sa sainteté, son unité, son indissolubilité et aussi sa fécondité, dont la bénédiction de Dieu est le gage. Il n'y a de vraiment heureux en effet que ce que Dieu protège, que ce que Dieu bénit ; voilà pourquoi vous venez lui demander aujourd'hui, à votre tour, de vous bénir.

Lorsque Notre-Seigneur Jésus-Christ est venu sur la terre, il a fait davantage pour le mariage. Réparateur de tout et surtout de la sainteté des mœurs, il a voulu, comme le Créateur au commencement, assister au premier mariage chrétien, et le bénir aux noces de Cana ; et non seulement il l'a béni, mais il en a fait un sacrement auquel il a attaché les grâces les plus précieuses pour la sanctification et la prospérité des époux.

Et où Notre-Seigneur Jésus-Christ pouvait-il mieux placer sa grâce qu'à l'origine des familles ? Où d'ailleurs était-elle plus nécessaire ? Si l'état de mariage est en effet le plus commun parmi les chrétiens, n'est-il pas en même temps le plus chargé de devoirs et le plus difficile à sanctifier ? Notre-Seigneur Jésus-Christ, qui était venu parer à tous nos besoins, mettre sa grâce partout où se faisait sentir notre faiblesse, ne devait donc point oublier le mariage : il ne l'a point fait ; il l'a élevé à la dignité de sacrement et lui a donné la vertu de produire ces grâces précieuses qui vont vous être conférées.

Voilà le mariage tel que Dieu et Notre-Seigneur Jésus-Christ l'ont fait. Vous en avez compris tous les deux la grandeur et la sainteté. Voilà pourquoi vous vous êtes sérieusement préparés à la réception de ce sacrement. Vous apportez ici toutes les dispositions que l'Église demande.

Vous d'abord, mon cher frère, je le vois, vous avez été élevé dans des principes chrétiens, et ces principes vous ne les avez point perdus. Vous sentez par conséquent toute la sainteté de l'action que vous venez accomplir, toute la gravité des serments que vous allez prêter. C'est avec foi que vous venez demander à Dieu de bénir votre union et de protéger votre avenir. Votre prière, n'en doutons pas, montera au ciel ; elle y sera suivie de celles de votre mère, de vos parents et de vos amis, si heureux de vous accompagner au pied de ces autels. Il y manque quelqu'un, je le sais bien : votre père que vous avez eu la douleur de perdre il n'y a pas longtemps ; mais, espérons-le, Dieu lui a déjà fait miséricorde, et aujourd'hui, du haut du ciel, il prend part à cette fête, il prie lui aussi pour votre bonheur.

Quant à vous, ma chère enfant, je vous connais davantage et depuis plus longtemps. Déjà je vous avais aperçue sur une autre paroisse, faisant vos premiers pas dans la vie ; mais c'est ici que je vous ai vue grandir ; c'est ici que j'ai vu se former et se développer en vous ces habitudes de piété qui vous distinguent et ces sentiments profondément chrétiens qui vous honorent. Vous avez été sur cette paroisse, je me plais à le dire, un modèle de jeune fille. Vous avez suivi tous nos catéchismes avec autant de régularité que de bonheur ; par conséquent vous y avez puisé cette instruction sérieuse et solide, dont maintenant plus que jamais vous sentirez l'importance et la nécessité. Dans votre famille vous vous êtes montrée pleine de respect, d'obéissance, d'affection pour vos bons parents : vous avez été leur aide et leur joie ; aussi, ce qui les console de votre séparation d'aujourd'hui, c'est de penser que vous continuerez à vivre à côté d'eux, et à leur donner par conséquent des témoignages de votre amour et de votre bon cœur.

N'avez-vous pas été d'ailleurs une enfant privilégiée de Dieu ? N'avez-vous pas été entourée toute votre vie des influences les plus salutaires ? Les sentiments chrétiens sont, en effet, ordinaires parmi les vôtres.

A Vincennes, dont je parlais tout à l'heure, où je vous ai vue d'abord, votre tante, il m'en souvient encore, s'occupait de nos bonnes œuvres ; c'est dire qu'elle savait faire aux pauvres et à Dieu la part de la fortune que la Providence lui a donnée.

Il me sera bien permis de rappeler avec

quelle sollicitude, quelle tendresse, quelle vigilance votre grand'mère, si heureuse d'assister à cette fête, vous a élevée. Oui, vous avez bien conscience de la grande part qu'elle a prise à votre formation chrétienne, et vous lui en conserverez toujours la plus vive reconnaissance.

Dans votre maison, votre père ne vous a-t-il pas offert un modèle d'une vie d'honnêteté, d'honorabilité et de travail ? Toutes ses joies, ses uniques plaisirs n'ont-ils pas été de se dévouer pour la nombreuse famille que la Providence lui a donnée, heureux et fier de la voir prospère ?

Vous avez eu le bonheur, et c'est là un des plus grands bienfaits de Dieu, d'avoir une mère profondément chrétienne. Vous n'oublierez pas ses bontés pour vous ; vous vous souviendrez de ses bons conseils ; vous imiterez ses bons exemples. Si vous entendiez dire dans le monde, et vous l'entendrez peut-être quelquefois, que la pratique religieuse est incompatible avec les affaires, les exemples de votre mère seront là pour répondre et pour démontrer comment on peut concilier les occupations de la famille, les sollicitudes d'une maison importante, avec l'accomplissement de ses devoirs religieux et la pratique du bien.

Je ne veux pas oublier quelqu'un qui vous a quittée, il n'y a pas bien longtemps, votre chère sœur Louise. Aujourd'hui elle prie pour vous dans cette maison des Sœurs de la rue du Bac, où tant d'héroïques jeunes filles vont se former à toutes les abnégations, à tous les sacrifices, aux plus sublimes vertus. Sans doute elle ne fait encore qu'étudier sa vocation ; elle ignore ce que Dieu demande positivement d'elle. Tout cependant laisse entrevoir qu'elle est entrée dans la voie qu'elle doit suivre. Quoi qu'il arrive d'ailleurs, elle nous aura donné à tous de beaux exemples. Vous vous rappelez en effet avec quel courage, quelle générosité, quelle spontanéité, retenue de toute part plutôt que pressée par qui que ce soit, elle a été s'offrir à Dieu dans cette maison de la rue de Vaugirard, où elle a su

si vite mériter l'estime et l'affection de tous.
Si Dieu la choisit pour sa part, ce sera pour
vous et pour toute votre famille une bénédiction et aussi un grand honneur ; car ce
n'est d'ordinaire que dans les familles ho-
norables et profondément chrétiennes que
Dieu se choisit ses religieux et ses prêtres.
Quoi qu'il arrive, c'est avec elle que vous
avez passé votre jeunesse ; vous avez grandi
côte à côte ; vous vous êtes soutenues mu-
tuellement : il n'y a eu entre vous deux
d'autre émulation, d'autre rivalité que celle
du bien.

Ces souvenirs de votre jeune âge ne
s'effaceront jamais de votre mémoire ; ils
laisseront sur toute votre existence des
empreintes profondes. Séparées désormais,
suivant des voies différentes, vous resterez
cependant toujours unies, non seulement
par la même foi et les mêmes convictions,
mais encore par le même cœur et par la
même amitié.

De tout ce que je viens de dire, il m'est
bien permis de conclure que votre union,

que je suis heureux de bénir, s'annonce
sous les meilleurs auspices. Dieu y a une
grande part : aussi, n'en doutons pas, elle
sera heureuse, elle sera prospère, elle sera
bénie du Ciel. C'est mon vœu le plus
sincère ; que ce soit là aussi notre prière
à tous la plus fervente.

PARIS. — IMPRIMERIE DE L'ŒUVRE DE SAINT-PAUL

L. PHILIPONA, 51, RUE DE LILLE.